AF297429

LETTRE

DE
L'HOMME CIVIL
A L'HOMME SAUVAGE.

Eloquio vici re vincimus ipsâ. Anti-Luc.

AMSTERDAM.

M. DCC. LXIII.

AVIS
DE L'ÉDITEUR.

DES raisons inutiles à dire ont retardé l'Édition de cette Lettre.

Comme on y parle de celle de M. Rousseau, au premier Magistrat de Genève, & que cet Ecrit n'a paru que dans le Gazettes, on croit devoir le placer ici.

J'avois dessein de transcrire aussi quelques endroits de la Lettre à M. l'Archevêque, indiqués ou critiqués dans l'Ouvrage qu'on va lire ; mais outre que ces citations rassemblées sans suite, sans liaison, auroient pû ennuyer les Lecteurs, il n'en est peut-être aucun qui n'ait sous la main, ou qui n'ait lû cette Lettre, & qui ne se rappelle les passages en question.

A

Lettre de JJ. Rousseau au premier Magiſtrat de Genève.

Monsieur,

» Revenu du long étonnement
» où m'a jetté, de la part du Ma-
» gnifique Conſeil, le procédé que je
» devois le moins attendre, je prends
» enfin le parti que l'honneur & la rai-
» ſon me preſcrivent, quelque cher
» qu'il coûte à mon cœur. Je vous dé-
» clare donc, Monſieur, & je vous prie
» de déclarer de ma part au Magnifique
» Conſeil, que j'abdique à perpétuité
» mon droit de Bourgeoiſie & de Cité
» de la Ville & République de Genève:
» ayant rempli de mon mieux les de-
» voirs attachés à ce titre, ſans jouir
» d'aucun de ſes avantages, je ne crois
» pas être en reſte avec l'Etat en le
» quittant. «

» J'ai tâché d'honorer le nom Gene-
» vois; j'ai tendrement aimé mes com-

» patriotes ; je n'ai jamais rien oublié
» pour me faire aimer d'eux ; on ne
» ſauroit plus mal réuſſir ; je veux leur
» complaire juſques dans leur haine.
» Le dernier ſacrifice qui me reſte à
» faire eſt celui d'un nom qui me fut
» ſi cher.

» Mais, Monſieur, ma Patrie, en
» me devenant étrangere, ne peut me
» devenir indifférente ; je lui reſte atta-
» ché par un tendre ſouvenir, & je
» n'oublie d'elle que les outrages.

» Puiſſe-t-elle proſpérer toujours &
» voir augmenter ſa gloire ; puiſſe-t-elle
» abonder en Citoyens meilleurs, &
» ſur-tout plus heureux que moi !

» Recevez, Monſieur, je vous ſup-
» plie, les aſſurances de mon profond
» reſpect.

J. J. ROUSSEAU.

*Lorſque cette Lettre parvint à Ge-
nève, le Magnifique Conſeil s'aſſem-*

bla : les voix se partagerent. Les uns
vouloient venger l'honneur de la République & sévir contre l'Auteur ; d'autres furent d'avis d'accepter l'Acte de
renonciation de Rousseau, & d'enregistrer sa Lettre. Ce dernier avis prévalut.

LETTRE

A MONSIEUR

JEAN-JACQUES

ROUSSEAU,

CI-DEVANT

CITOYEN DE GENÈVE,

*Sur ses Lettres écrites à M. l'Archevêque
de Paris, au premier Magistrat
de Genève, &c.*

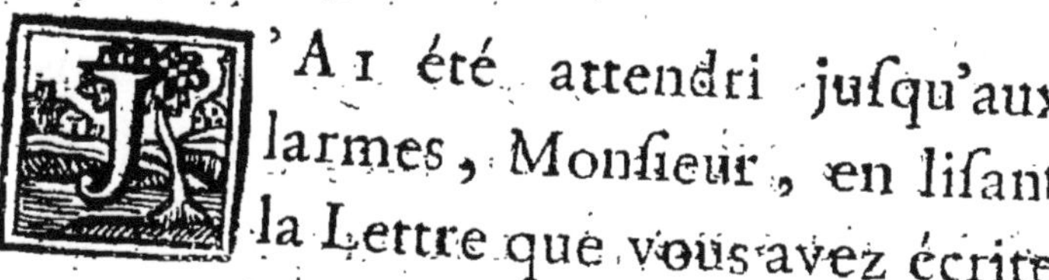

'AI été attendri jusqu'aux larmes, Monsieur, en lisant la Lettre que vous avez écrite au premier Magistrat de Genève. J'ai frémi de voir un Citoyen qui honora sa Patrie par ses talens, & l'Humanité par fes vertus, profcrit, pourfuivi de toutes parts, accablé de chagrins & d'infirmités, perdant pour jamais l'efpérance d'aller, pour derniere reffource, fe jetter dans les bras de fa famille, & d'y terminer, au milieu de fes parens & de fes amis, une vie fi long-tems agitée. Vous voilà errant & fugitif de Royaume en Royaume, ayant vos forces épuifées par la maladie, ne pouvant exercer vos bras pour vous procurer votre fubfiftance, & réduit à l'humiliation d'attendre & de recevoir des fecours des hommes que vous méprifez. Si l'on en croit le Public, dont vous attirez les regards par la fingularité de votre vie, vous allez vous tranfporter fur les montagnes d'Ecoffe. Les hommes à demi-fauvages, qui les habitent, affemblés autour de vous, feront empreffés de vous demander votre nom & votre Patrie. Votre cœur fe brife, fans doute, de penfer que vous ferez forcé de leur

répondre : » J'eus un nom obscur que
» mes malheurs ont rendu célébre ;
» j'eus une Patrie ; hélas ! je n'en ai
» plus. «

Après avoir plaint sincerement vos
disgraces, j'ai été touché des reproches
que vous faites aux Magistrats de Genève, à l'Archevêque & au Parlement
de Paris, & j'ai cru devoir justifier
leur conduite à votre égard. Le Public
excusera la foiblesse de mes talens en
faveur du motif ; votre supériorité est
connue. Je vous regarde en particulier
comme l'homme le plus éloquent du
siécle ; & si l'amour du bien public ne
m'avoit fait prendre la plume, je me
garderois bien de lutter avec vous.
Cette raison impérieuse m'a seule forcé
d'entrer en lice, non pour disputer de
gloire avec mon Maître, mais pour
intéresser votre cœur, pour interroger
votre ame qui est si pure, & vous
convaincre peut - être que vous êtes

plus coupable que vous ne penfez.

Je dois vous prévenir, avant que d'entrer en matiere, que ne pouvant écrire que dans des intervalles courts & toujours interrompus, je ne m'affu-jétirai point à une marche mefurée & méthodique. Je pourrai tomber dans des répétitions, & m'égarer même dans des fujets étrangers à votre querelle ; pardonnez-moi ces écarts. Ma fituation eft telle, que j'aurai à peine le tems de relire tout ce que je vais tracer ici, mais non celui de lui donner plus d'or-dre & de précifion.

Vous dites au Magnifique Confeil, que vous avez rempli tous les devoirs que le titre de Citoyen vous impofoit fans avoir joui d'aucun de fes avanta-ges. Voici comment vous avez rem-pli ces devoirs.

Genève vous a vu naître dans fon fein ; elle efpéroit trouver en vous un Citoyen auffi vertueux que votre fa-mille, & les Citoyens vertueux font la premiere richesse des Etats. Elle a élevé votre enfance & l'a nourrie de ces maximes de sagesse, dont le germe ne s'est jamais étouffé dans votre cœur. Au lieu de reconnoître ses soins dès que votre travail pouvoit lui être utile, vous vous êtes arraché de son sein & des bras paternels, pour chercher une autre Patrie. Jusques-là elle ne voyoit dans vous que cette inquiétude naturelle qui domine tous les jeunes gens, cette envie de voir & de connoître, qui les transporte souvent dans les pays les plus éloignés. Mais sa douleur n'eut plus de bornes, & votre conduite fut sans excuse, lorsqu'elle vous vit abjurer la Religion qu'elle vous avoit inspirée. Ce n'est pas que je blâme un homme qui, cherchant à s'instruire, s'attache au dogme qui lui est démontré le plus saint, le seul véritable ; mais il faut bien que votre conversion fut légere, votre démarche impru-

A iv

dente, votre foi peu solide, puisque vous êtes revenu au culte de vos Peres que vous aviez abandonné *a*). Et plût à Dieu que ce fût-là le seul reproche qu'on eût à vous faire !

Après une jeunesse passée dans l'obscurité & le silence, vous vous êtes réveillé de cette espece de léthargie, & vous avez étonné l'Europe & *honoré le nom Génevois* en annonçant des talens sublimes. Une question Académi-

---

(*a*) Au reste, cette Anecdote de votre vie ne m'est point démontrée. J'abhorre si fort la calomnie, que je ne l'aurois pas dévoilée, si elle ne m'avoit pas été attestée par des personnes dignes de foi, & si vous ne la faisiez soupçonner vous-même dans un endroit de vos Ouvrages. Mais si elle étoit fausse, non-seulement je me rétracterois du reproche que je vous fais ici, mais je vouerois un mépris éternel à ceux qui m'auroient si cruellement induit en erreur.

que, qu'on pouvoit traiter fous les deux
faces puifqu'elle étoit ainfi propofée ,
vous procura des admirateurs, des en-
vieux & des critiques (*a*). Encouragé

(a) Je ne fais pourquoi dans toutes les
Critiques qui ont paru fur ce Difcours, on
a tant blâmé M. Rouffeau de l'avoir écrit ,
& l'Académie de Dijon de l'avoir couronné.
1º. L'Académie ne demandoit pas qu'on
prouvât les avantages que les Lettres ont
procurés ; mais elle demandoit fi elles
avoient été utiles ou nuifibles : ainfi il étoit
permis de foutenir le pour ou le contre.
2º. L'Académie ayant propofé pour fujet
l'examen des avantages , ou du danger des
Lettres ; elle a dû couronner le Difcours le
plus éloquent , de quelque maniere que
l'Auteur eût envifagé la queftion ; & fûre-
ment celui de M. Rouffeau méritoit la
préférence. Ce n'eft pas à dire pour cela
qu'elle adopte fes idées : elle a feulement
jugé que ce Difcours étoit, de tous ceux qui
lui ont été addreffés , le mieux écrit & le
plus profondément penfé.

A v

par ce succès vous essayâtes vos forces
de nouveau, & votre génie se déve-
loppa dans des Ouvrages supérieurs par
le style & les pensées. Votre dispute sur
la Musique vous donna de l'humeur
parce qu'on en prit contre vous. Les
gens sensés rioient de cette querelle ;
& si vous aviez ri avec eux, vous auriez entraîné la foule imbécille qui pre-
noit parti sans raison & sans motif.

Je suis loin encore de blâmer la no-
ble fierté avec laquelle vous avez ra-
battu l'orgueil de ces individus qui se
croyent au-dessus des autres hommes
parce qu'ils ont un nom & des richesses.
Je trouve, avec vous, de la lâcheté à
venir encenser les Autels de ces imbé-
cilles titrés, ou de ces *Crésus* enrichis
des dépouilles publiques, qui, préten-
dant protéger les Arts qu'ils ignorent,
les dégradent par leur suffrage. Je vou-
drois, pour l'honneur de la Littérature, que les Ecrivains fussent péné-

trés de leur supériorité sur le commun
des hommes. Destinés à éclairer l'Univers, en donnant l'exemple de la soumission à leur Souverain & aux Loix
de la Patrie, ils devroient s'estimer
assez pour ne pas prodiguer leur encens
à des hommes qui en sont si peu dignes. Les hommages qu'ils se ren-
droient mutuellement releveroient leur
dignité, & apprendroient à tant de sots
qui les méprisent, combien est respectable ce corps de Citoyens que la Nature
a placés autant au-dessus de leur foible
génie. Mais aussi parmi ce qu'on appelle
grands Seigneurs j'en connois qui méri-
tent l'hommage des Lettres, parce qu'ils
sçavent s'honorer en les cultivant. Ces
exemples ne sont pas aussi rares qu'on
le pense, & l'on trouve même parmi
les Financiers, si souvent couverts de
ridicule, des personnes éclairées &
dignes des éloges publics. Ajoutons
encore qu'entre ceux qui prennent le

A vj

titre d'hommes de Lettres, plusieurs aviliffent cet état, & ne confondons point les infectes qui rampent fur la terre, avec les aigles qui planent autour du foleil.

Votre Drame lyrique, dont le fuccès fut étonnant & mérité, enrichiffoit les Directeurs de l'Opéra, tandis que ces Directeurs vous refufoient l'entrée de ce Spectacle. Votre Comédie, bien écrite d'ailleurs, eut le fort que vous deviez naturellement en attendre. Héloïfe charmoit & déchiroit tous les cœurs, & feroit le meilleur Ouvrage en ce genre, fans des differtations déplacées, des détails inutiles & quelques endroits répréhenfibles. Au refte, je n'ai point entrepris de faire l'analyfe, l'éloge ou la critique de vos Ecrits, mais de vous rappeller vos torts.

Si vous vous étiez contenté de perfuader à l'homme civil de détruire les Cités, de jetter fes tréfors dans la mer, de quitter les vêtemens qui le défendent contre l'intempérie des saisons, & de courir tout nud dans les déserts en criant, *je suis libre*; l'homme civil, en admirant vos talens, auroit ri des écarts de votre imagination. Si vous vous étiez contenté de dire à l'homme de Lettres, que l'étude, les connoissances, l'esprit & le génie, sont autant de fléaux qui ont désolé & dépravé l'Humanité; l'homme de Lettres, en vous accusant d'ingratitude envers l'art sublime de persuader, de toucher & d'instruire, que personne ne posséde mieux que vous, auroit ri de votre paradoxe.

Mais on a cessé de rire, on a frémi lorsqu'on a entendu cette voix qui crioit dans le désert, non pour préparer les voies au Dieu qu'on doit adorer, mais pour détruire son culte; lorsque dans votre solitude, pésant les droits des Souverains & des Peuples, vous avez avancé des maximes qui pourroient engager ces derniers à croire que l'autorité qui les gouverne est quelquefois injuste, & peut devenir nulle. Vous répondez à ceux qui vous ont reproché cette hardiesse, que vous n'avez pas dû trahir vos sentimens, & que vous avez dû écrire d'après votre façon de penser. Eh ! que nous importent à nous vos opinions ? De quel droit, nouveau Législateur, venez-vous renverser les idées reçues & les Gouvernemens avec elles ? Quelle est votre mission ? Croyez-vous que d'autres hommes comme vous n'ayent pas présenté quelquefois à leur esprit les mêmes difficultés, les mêmes doutes ? mais ou ils les ont combattus, ou ils ont eu la prudence de les étouffer, & de ne penser que pour eux-mêmes. Le devoir d'un Philosophe n'est pas de dire tout ce qu'il sçait, ou plutôt tout ce qu'il pense ; mais de former les Peuples à la vertu, à l'obéissance, de leur prêcher la soumission aux Loix, & cette Morale que presque toutes les Religions ont connue & enseignée, parce qu'elle a été gravée par la main du premier Etre dans le cœur de tous les hommes.

Vous nous vantez les charmes de votre Patrie, & vous n'y allez jamais; vous nous peignez avec tant de graces le séjour délicieux des Montagnons, que vous donnez envie aux Etrangers d'aller habiter parmi eux, & vous vous en éloignez; vous chantez sans cesse les plaisirs tranquilles de la Suisse & les regrets de n'en pas jouir avec ces expressions tendres & douloureuses qu'*Ovide* employoit dans son exil, comme si vous étiez, à son exemple, banni de votre séjour natal, & que la barriere des mers vous tenant enfermé chez des Barbares, vous séparât du reste des humains. Peu de journées, cependant,

peuvent vous rendre à vos Conci-
toyens & à vos Amis, & vous avez fur
les autres hommes l'avantage de n'a-
voir befoin ni de chevaux, ni de voi-
ture, puifqu'un bâton fuffit felon votre maniere de voyager: femblable à
ces efpeces d'amans, que la préfence
de l'objet aimé réfroidit, & qui dans
l'éloignement reffentent les tranfports
de l'amour le plus violent, vous re-
grettez avec amertume un pays où il
vous eft libre de vous tranfporter.

Sur tant de Régions, que vous auriez pu choifir, vous donnez la préférence à la France, & vous venez vous
établir dans fon fein. Chéri de plufieurs & aimé de tous, de ceux même
qui vous critiquoient, vous vous y faites
des chagrins pour des miferes, & vous
cherchez une folitude aux environs de
la Capitale, où les Grands & les Petits
s'empreffent d'aller quelquefois, fous
prétexte de jouir de votre fingularité,

honorer vos talens & la pureté de vos
mœurs ; là, dans un Livre fait pour ap-
prendre à la Jeuneſſe à reſpecter les
Loix & la Religion, vous détruiſez de
fond en comble la derniere, ſans laquelle les autres ne peuvent ſubſiſter,
puiſque dans la conſtitution actuelle
de cet Etat, elle influe puiſſamment
dans le Gouvernement & dans toutes
ſes parties.

Ce Livre téméraire ſe diſtribue pu-
bliquement, les Magiſtrats en prennent connoiſſance & le proſcrivent, le
premier Miniſtre de la Religion le condamne dans un Mandement. Sur cela
vous criez à l'injuſtice & vous vous ef-
forcez de couvrir de ridicule & le Parlement & l'Archevêque.

» Un Génevois, dites-vous, fait im-
» primer un Livre en Hollande ; &
» par Arrêt du Parlement de Paris ce
» Livre eſt brûlé, ſans reſpect pour le
» Souverain dont il porte le privilége.

» Un Proteſtant propoſe en pays Pro-
» teſtant des objections contre l'Egliſe
» Romaine, & il eſt décreté par le Par-
» lement de Paris. Un Républicain fait
» dans une République des objections
» contre l'Etat Monarchique, & il eſt
» décreté par le Parlement de Paris. Il
» faut que le Parlement de Paris ait
» d'étranges idées de ſon empire, &
» qu'il ſe croye le Légiſlateur du genre
» humain. Ce même Parlement, tou-
» jours ſi ſoigneux pour les François
» de l'ordre des procédures, les né-
» glige toutes, dès qu'il s'agit d'un pau-
» vre Etranger, ſans ſçavoir ſi cet
» Etranger eſt bien l'Auteur du Livre
» qui porte ſon nom, s'il le reconnoît
» pour ſien, ſi c'eſt lui qui l'a fait im-
» primer, &c, &c. «

Je n'ai beſoin, Monſieur, que de
votre bonne foi, pour détruire les reproches que vous faites au premier
Tribunal du Royaume, & dans des

expreſſions dont j'ai cru devoir ſupprimer une partie par égard pour vous, autant que par reſpect pour ce Sénat auguſte.

Un Génevois fait imprimer un Livre en Hollande, & par Arrêt du Parlement de Paris, ce Livre eſt brûlé ſans reſpect pour le Souverain dont il porte le Privilége. Ce Génevois n'étoit point à Genève lorſqu'il a fait imprimer ſon Livre, mais en France ; ce Livre imprimé en Hollande, avoit été réimprimé en France, & peut-être à Paris même, quoique furtivement. Ce Livre imprimé en Hollande ou en France, ſe diſtribuoit à Paris, & ſe trouvoit dans les mains de tout le monde. Le privilége qu'il avoit reçu d'un Souverain, avoit été ſurpris à ſa religion, puiſqu'il a été révoqué, non à cauſe de l'Arrêt du Parlement de Paris, mais par le ſcandale que ce Livre répandoit, même dans le pays où l'on accorde la liberté de conscience.

Un Proteſtant propoſe, en pays Proteſtant, des objections contre l'Egliſe Romaine, & il eſt décreté par le Parlement de Paris; un Républicain fait, dans une République, des objections contre l'Etat Monarchique, & il eſt décreté par le Parlement de Paris. Il faut que le Parlement de Paris ait d'étranges idées de ſon empire, & qu'il ſe croye le Légiſlateur du genre humain. C'eſt dans un Etat ſoumis à l'Egliſe Romaine, & non en pays Proteſtant, que ce Proteſtant a compoſé ſon Livre & que ce Livre ſe diſtribue: c'eſt dans une Monarchie & ſous les yeux du Parlement, conſervateur des Droits de la Royauté, & non dans une République, que ce Républicain, qui a ceſſé de l'être, en cherchant un aſyle dans le Royaume, écrit contre l'Etat Monarchique : le Parlement ne se croit pas le Juge du genre humain, mais il est Juge de tout Regnicole qui jouit des Droits de cité, que les Loix protégent, & qui ose attaquer & la Religion & les principes du Gouvernement.

Ce même Parlement, toujours si soigneux pour les François de l'Ordre des Procédures, les néglige toutes dès qu'il s'agit d'un pauvre Etranger, sans savoir si cet Etranger est bien l'Auteur du Livre qui porte son nom, s'il le reconnoît pour sien, si c'est lui qui l'a fait imprimer, on le décrete, &c. Vous seriez plus humilié si le Parlement avoit attribué votre Ouvrage à un autre Auteur, que vous n'êtes irrité contre ses Arrêts. Les Membres de ce Parlement, dont la plûpart savent se délasser de l'étude austere de la Jurisprudence, par celle de notre Littérature, également exercés dans l'une & dans l'autre, n'ont pu méconnoître la touche mâle & vigoureufe qui caractérife votre façon d'écrire. Voudriez-vous qu'un Peintre confondît les *Caricatures* de *Calot* avec le pinceau du *Correge*? D'ailleurs, comment auroit-on pu s'y méprendre, puifque vous vous nommez dans le corps du Livre, & que, felon votre ufage, vous citez vos autres Ecrits? Ofez défavouer *Emilie*, & je conviens avec vous des torts du Parlement & de ceux de l'Archevêque.

En un mot, Monfieur, le Parlement a pu & a du profcrire un Ouvrage fabriqué dans le reffort de fa Jurifdiction ; il a pu décreter l'Auteur, dès qu'il étoit en France, dès qu'il lui étoit connu. Il a fait ce que les Magnifiques Seigneurs auroient fait à Genève, ce que les Hauts & Puiffans Seigneurs auroient fait à la Haye. Et ne croyez pas nous attendrir, en ajoutant à vos injures, » on l'eût (l'Auteur) arra- » ché de fon lit pour le traîner dans

» les mêmes prisons où pourrissent les
» scélérats , on l'eût brûlé peut-être
» même sans l'entendre ; car qui sait, si
» l'on eût poursuivi plus régulierement
» des Procédures si violemment com-
» mencées, & dont on trouveroit à pei-
» ne un autre exemple , même en pays
» d'Inquisition ? « Rassurez-vous, Monsieur, ils sont passés ces tems de fureur &
de fanatisme, où l'on brûloit un homme
pour ses opinions. Le Parlement a fait
tout ce qu'il vouloit faire ; & si vous
fussiez venu vous livrer à sa Justice,
comme on prétend que vous en aviez
envie, il ne vous auroit pas donné la
satisfaction de subir le sort de *Socrate*,
auquel vous vouliez ressembler & vous
auriez éprouvé son humanité bien plus
que sa sévérité.

Mais comment osez-vous vous plaindre de la conduite du Parlement de
Paris, tandis que ce même Ouvrage
qui vous attire cette humiliation, a été

flétri en Hollande, le pays de la liberté, & où votre Libraire avoit surpris
un Privilége, tandis que Genève, votre Patrie, l'a proscrit? Hé quoi! *ce Protestant qui propose des objections contre l'Eglise Romaine, ce Républicain
qui fait des objections contre l'Etat
Monarchique*, est repris, est condamné par ses Freres Protestans, par les
Magistrats de deux Républiques, & il
se récrie sur un Arrêt lancé par des
Catholiques Romains, par les Membres d'une Monarchie ! Rendez-vous
justice, Monsieur, & convenez que
le Parlement de Paris n'a point démen-
ti dans cette occasion la modération
qui lui est ordinaire, & qu'il n'a violé ni
le droit des gens que vous reclamez,
ni les égards qu'il doit à un Etranger.

Un Musulman qui iroit dans les In-
des renverser les Idoles de Brama, un
Chrétien qui tourneroit en ridicule à
Constantinople le Koran & la jument

Barak,

Barak, un Catholique Romain qui prêcheroit le Papisme à Londres, seroient coupables, parce qu'en nul pays on ne doit insulter aux opinions publiques qui servent presque toujours de ressort aux constitutions des Etats. Je ne parle point des Missionnaires ; leur ministere est d'un ordre supérieur, & il n'est pas permis à un profane de poser les bornes où leur zèle évangélique doit s'arrêter. Mais vous qui n'êtes ni l'envoyé de Dieu, ni revêtu du caractère de Prêtre, d'Iman, de Bramine, ni chargé par aucun Chef des Religions connues, d'où vous vient cette fureur de cathéchiser ? Vous me citerez peut-être l'exemple des anciens Philosophes, de *Socrate*, que les Athéniens ou leur Oracle nommerent le plus sage des hommes, que les Athéniens firent mourir comme un perturbateur public ; mais ces Philosophes parloient à des Peuples qui n'avoient point un

B

syftême de Religion bien fuivi, bien uni-
forme & qui adoptoient fouvent les
idées des Nations étrangeres ; mais ce
Socrate étoit un fanatique, & je le dé-
montrerai un jour, fi j'en ai le loifir.
Ce n'eft pas que j'approuve le décret
qui le condamnoit à la cigue ; je fuis
loin d'applaudir à des Sentences cruel-
les qui donnent la mort à un homme
pour fes opinions ; mais fi l'intolérance
qui conduit des Citoyens au fupplice
eft une barbarie, un fyftême de tolé-
rance qui permettroit à chaque individu de décrier les Loix & la Religion ;
feroit un fyftême abfurde & deftructif
de toute fociété. Il y a de la différence
entre punir de mort & ne point punir
du tout. L'un eft une inhumanité, l'autre une foibleffe. Je vous dirai même,
moi qui ne crois pas avoir été donné à
l'homme le pouvoir de tuer les animaux hors le cas d'une défenfe naturelle, qu'il y a moins de mal en politi-

que d'uſer d'une extrême rigueur, que
d'une extrême indulgence. Un Citoyen qui renverſe tout & qu'on étouf-
fe, n'excite que de la compaſſion &
de la pitié dans les ames bien nées qui
déplorent ſon ſort dans le ſilence ; un
Citoyen qui renverſe tout & qu'on
n'enchaîne pas, peut, en inſpirant ſa
frénéſie à d'autres, entraîner la ruine
d'un Etat.

    » *Spinoſa*, dites-vous, enſeignoit pu-
» bliquement ſa doctrine, ... par-tout
» il trouvoit protection, ou du moins
» ſûreté ; « mais il y a cette différence
entre vous & *Spinoſa*, que ce dernier
n'écrivoit que pour les Philoſophes &
que vous écrivez pour tout le monde.
Spinoſa & mille autres qui ont attaqué
les opinions reçues, enveloppoient leur
ſyſtême d'une métaphyſique inacceſſi-
ble au vulgaire. Leurs Livres qui n'a-
voient que cet objet, n'étoient con-
nus que des Savans & ne deſcendoient

B ij

pas jufqu'au peuple. Les premiers favent à quoi s'en tenir, & peuvent dif-
cuter entr'eux fans danger pour la fociété des queftions délicates, capables
d'ébranler & qui fervent quelquefois
à raffermir la foi de ceux qui ne croyent
que ce qu'ils ont profondément exa-
miné. Mais, vous c'eft dans un Ouvrage fait pour l'éducation de la Jeuneffe
que vous préfentez des objections contre la doctrine établie, Ouvrage inté-
reffant par fon objet & par le ftyle,
que toutes les claffes de Citoyens doivent lire, que tous les Amateurs de la
belle Littérature s'arrachent. Vous les
préfentez ces objections, fans voile,
fans obfcurité, fans déguifement. Il
n'y a point de mortel affez vil, affez
peu inftruit, qui ne fuive fans peine
la chaîne de vos raifonnemens; vous
captivez fa foible raifon par la *palpa-
bilité* de vos argumens. Vous le con-
duifez d'un doute à un autre, & vous

parvenez enfin, contre votre intention,
à détruire dans lui toute idée de Religion ; il eſt trop ignorant pour adop-
ter la vôtre, & cette eſpece de Chriſ-
tianiſme pur que vous dites profeſſer
eſt d'une nature ſi relevée, que ſes foi-
bles lumieres ne peuvent y atteindre.
Il n'a qu'une foi d'habitude, *la foi du
Charbonnier*, ſuffiſante pour ſon ſalut,
néceſſaire pour le bon ordre ; ſes
mœurs ſont dépendantes de ſa foi & il
s'abandonnera à tous les vices, dès
qu'il n'aura plus ce frein reſpectable
qui le retenoit dans le devoir, & vous
demandez quel mal vous avez fait ?
Vous le demandez ?

Entrez avec moi dans la cabane
qui ſe préſente devant nous ; le jour
perce à travers le chaume dont elle eſt
couverte. La neige dont ce foible toit
eſt ſurchargé, coule ſur un tas de paille
où ceux qui l'habitent repoſent leurs
membres fatigués ; le vent qui péné-

tre de tout côté, fait vaciller la sombre lueur d'une lampe suspendue au milieu des planches soutenues sur deux pieux plantés à terre, sont chargés de quelques vases brisés & remplis d'une eau bourbeuse. Dans cette triste demeure, des hommes comme nous, confondus avec les animaux du labourage, dévorent une nourriture grossiere. Là est assis un Vieillard vêtu de haillons ainsi que sa famille ; ces malheureux partagent leur pain avec des soldats mis en garnison dans leur chaumiere ; ils s'étendent sur de la paille pour reprendre des forces épuisées par le travail de la journée. Demain il préviendront le lever de l'aurore, & au milieu du vent, de la pluie ou des chaleurs brûlantes du soleil, ils iront ouvrir, à force de bras, le sein de la terre, qu'ils fertilisent pour les tyrans qui les vexent. A côté de leur cabane s'éleve dans les nues un palais magnifique habité par un seul homme qui engloutit par sa dépense les productions de six villages à la ronde.

Opprimé par ce maître farouche, méprisé, battu souvent par ses moindres valets, notre pauvre laboureur supporte patiemment sa misère. C'est que son imagination lui présente dans l'avenir l'espérance la plus flateuse ; docile aux leçons de son Curé, il regarde cette vie comme un triste passage, il voit les cieux ouverts, il y marque la place due à ses vertus ; ébloui de la gloire du Dieu qu'il adore, il se trouve dans la société des Saints & mêle sa voix au concert des Anges ; il se réjouit de voir à ses côtés ses enfans qu'il a élevés dans le travail & la sagesse. A ce tableau consolant, il en fait succéder le plus horrible ; sa vue se porte dans les enfers & au milieu des démons, des monstres, des feux ardens & éter-nels, il découvre ceux qui l'ont bravé dans cette vie, des hommes puiffans qui ajoutoient par leur mépris à fa mi-fere, des hommes méchans qui l'ont ty-rannifé ; & fur-tout ce Seigneur injufte & cruel qui lui a enlevé plufieurs fois fa fubfiftance. Ce double fpectacle ani-me fa conftance, il raconte ces mer-veilles à fes enfans, les pénétre de ces confolantes vérités, & courbés vers la terre, ils chantent tous enfemble la gloire de leur Dieu, les avantages at-tachés à la vertu, la foumiffion aux Loix & à la Patrie.

Et vous, Monfieur, vous avez la cruauté de renverfer les idées de ce pauvre Vieillard, fous le prétexte d'en-noblir fon ame groffiere, & jufte vous allez la dégrader en détruifant ce qui la foutient dans la vertu ; vous venez, le flambeau à la main, le tirer felon vous, de fon erreur, pour lui montrer de prétendues vérités. On te féduit, mal-heureux, dites-vous à cet homme ;

le Maître de ton Village, le Gouverneur de ta Province, les Magistrats qui te jugent, le Roi qui te fait supporter les charges d'un Etat, dont tu ne retires aucun avantage, sont tes égaux. La Nature ne t'a point soumis à ces tyrans ; c'est la force, c'est la violence ; tu peux secouer le joug & jouir de ton indépendence. Cette Religion qu'on te prêche est un amas de fables ridicules ; ton Curé est un imposteur ; le culté qu'il te fait observer dégrade l'Etre suprême, l'avidité des Prêtres a seule inventé ces cérémonies capables d'amuser des enfans : sors de l'avilissement, sois homme... A ces mots, les instrumens du labourage tombent de ses mains tremblantes ; il revient dans sa chaumiere, les regards égarés, il rougit, pour la premiere fois, de sa misere, il ne voit plus ni récompense, ni peine dues à ses vertus ou à ses vices ; il sort le cœur gonflé de douleur ; il rencontré des hommes plus heureux que lui, il maudit le fort qui l'accable, le ciel qui l'a fait naître, le maître qui l'opprime. Il ne reconnoît plus ni Dieu, ni Royaume, ni Patrie, ni famille ; fon défefpoir s'accroît à chaque inftant, il s'arme d'un poignard, & ou il affouvit fa rage en le plongeant dans le fein du premier qui ofe lui commander, ou il s'arrache lui-même une vie malheureufe & chargée d'opprobre.

Si ce n'eft pas là ce que vous dites expreffément à la populace, c'eft ce qu'elle fe dira à elle-même d'après vos Ouvrages ; fi ce n'eft pas là ce que vous concluez de vos principes, c'eft la conféquence qu'en tireront tous ceux qui voudront les approfondir, & fur qui le correctif que vous ajoutez ne fera qu'une impreffion légere ; & ne prétendez pas que je décris ici des maux imaginaires, que les Payfans, les Laboureurs, dont la plûpart ne favent pas même lire, n'iront pas puiser dans votre Livre les principes dangereux que je veux en déduire ; mais ce Livre, destiné à l'éducation de la jeuneſſe, ſera lû, ſera recherché, par des perſonnes plus inſtruites, par la claſſe de Citoyens qui précéde immédiatement celle des Laboureurs. Les premiers étudieront vos maximes, ſe les rendront fami-lieres ; vos doutes, vos objections, paſſeront de bouche en bouche, & par-viendront, enfin, altérés, exagérés, à ces malheureux, qui ont une raiſon auſſi bien organiſée que celle des autres, mais moins exercée, & plus ſuſceptible d'erreur.

Et vous êtes ſurpris qu'un Tribunal établi pour réprimer tout ce qui peut relâcher les liens de la *Société*, vous ait condamné ! que le Chef d'une Reli-gion que vous voulez anéantir par vos doutes, vous ait cenſuré ! Croyez, Monſieur, que ce ne ſont ni les Jan-

féniftes, ni les Jéfuites ; qui ont oc-
cafionné le Réquifitoire du Procureur
Général , & le Mandement de l'Archevêque. L'un a vengé la cause publique , l'autre la caufe de la Religion. Si
l'on a gardé le filence fur vos autres
Ouvrages , c'eft que, quoi que vous
en difiez, vos fentimens n'y étoient
ni fi ouvertement , ni fi clairement
énoncés. L'Archevêque a fait ce qu'auroient fait , à leur maniere, le Muf-
ti , le Miniftre de Genève , l'Archevêque de Cantorbery. Je ne blâme
point la liberté que vous avez prife de
répondre à ce Prélat , parce que tout
homme attaqué a le droit de fe défendre. Vous auriez pû cependant mettre un peu plus de décence dans votre
Lettre ; & elle n'auroit pas été moins
éloquente, fi vous n'aviez quelquefois
fubftitué des injures aux raifons : mais
je dis que cet Archevêque a pû, a dû
profcrire votre Livre par un Mande-

ment. Il n'eſt pas dans mon plan d'examiner ſi, comme vous l'aſſurez, *par-tout où il vous a réfuté, il a mal raiſonné ; par-tout où il vous a inſulté, il vous a calomnié.* Je ne fais point l'apologie du Mandement ; & ce Prélat détruiroit ſans doute ce reproche cruel, ſi les ſoins plus importans qu'il doit à ſon troupeau lui permettoient de vous répondre.

Ce n'eſt point en Théologien, en Catholique Romain, en Chrétien même que je vous écris ; mais en Philoſophe, s'il m'eſt permis de prendre ce titre avec vous ; mais en homme civil, qui a le droit de raiſonner ſur ce qui peut être utile ou nuire à la Société. Ainſi, ſans juger ſi vous vous êtes bien ou mal défendu, ſans diſcuter les objections que vous faites contre la Révélation & les Miracles, ſans prouver que ce que vous ajoutez en faveur de Jeſus-Chriſt & de ſa morale, ne peut

ſervir de contre-poiſon à ce qui précede, eſt inſuffiſant pour contenir le
Peuple dans le devoir & dans la vertu;
un mot ſuffira pour vous convaincre
de vos torts, & pour juſtifier la conduite du Parlement & de l'Archevêque.

Des hommes plus éclairés que moi
& autant que vous, ont jugé que votre
Ouvrage méritoit une cenſure, non-
ſeulement à Paris, mais à Genève &
en Hollande. Aſſurément ce n'eſt point
en faveur de l'Egliſe Romaine que le
Magnifique Conſeil, que les Magiſtrats
des Provinces-Unies l'ont flétri ; mais
c'eſt qu'ils l'ont regardé comme deſtruc-
tif de la Religion Chrétienne qu'ils pro-
feſſent. Il n'y a eu là ni Janſéniſtes,
ni Moliniſtes qui ayent dirigé leur démarche. Ceſſez donc de jetter du ridicule ſur les deux Puiſſances Séculiere &
Eccléſiaſtique, par ces anti-theſes que
vous répétez avec complaiſance. » Un

» Génevois fait imprimer un Livre en
» Hollande, & par Arrêt du Parlement
» de Paris ce Livre est brûlé. . . . . Un
» Protestant propose, en pays protes-
» tant, des objections contre l'Eglise
» Romaine, & il est décreté par le Par-
» lement de Paris. Un Républicain fait,
» dans une République, des objections
» contre l'Etat Monarchique, & il est
» décreté par le Parlement de Paris....
» Un Archevêque...... lance, lui Prélat
» Catholique, un Mandement contre
» un Auteur Protestant. Il monte sur
» son Tribunal pour examiner, comme
» Juge, la doctrine particuliere d'un
» hérétique, &c. «

Un bruit sourd se répand à Genève,
qu'un de ses Citoyens venoit d'être
condamné par le premier Tribunal du
Royaume. On en recherche la cause,
on la trouve ; on a sous les yeux ce
Livre malheureusement célébre, on
le lit, on le dévore, & on y voit avec
surprise & avec douleur, le Christia-

nifme, dont on fuit le culte & la morale, attaqué, annéanti. Les Pafteurs
allarmés en défendent la lecture ; les
maîtres l'arrachent à leurs domeftiques,
les vieillards aux jeunes gens, les peres
à leurs enfans. On examine cependant
l'Ouvrage, fans haine, fans préven-
tion, on le juge répréhenfible, on le
profcrit, & on inflige une peine à
l'Auteur. C'eft une tendre mere qui
châtie un de fes enfans pour l'exemple
de tous. Cet enfant ne lui eft pas moins
cher, elle veut exciter fon repentir &
lui pardonner ; & voilà que Jean-Jac-
ques Rouffeau écrit au premier Ma-
giftrat pour fe plaindre de ce qu'il
appelle des outrages. Il parle d'intrigue,
de cabale, & renonce aux droits de
Cité, abjure fa patrie, & pour me fervir de votre expreffion faftueufe, il
abdique, comme un Roi qui defcend
du Thrône, les priviléges de Citoyen.
Mais, dites-moi, aviez-vous le droit

de renoncer à votre Patrie ? un fils
peut-il fe fouſtraire à l'obéiſſance paternelle, quand même ſes parens le
puniroient avec injuſtice ? Peut-on ceſſer
d'appartenir à ceux qui nous ont donné
l'être, à l'Etat dont nous ſommes
membres ? Il faut convenir que vous
avez d'étranges idées des hommes,
vous qui avez prouvé qu'ils étoient naturellement bons. Par-tout vous voyez
des ennemis. Si on vous condamne à
Paris, c'eſt un complot de vos ennemis ; ſi on vous condamne à Genève, c'eſt encore la haine de vos
ennemis. Raſſurez-vous, Monſieur, il
n'y a point d'homme aſſez injuſte pour
vous haïr, pour vous perſécuter. Le
Public rend juſtice à vos mœurs, à
votre probité, à vos talens. Vous aurez
pour amis vos admirateurs, vos cen-
ſeurs même, lorſque vous voudrez
éprouver leurs ſentimens. Moi-même,
qui vous blâme, qui oſe vous critiquer,

qui m'attirerai peut-être vos reproches
& votre haîne, je suis pénétré d'estime
pour vous, & je sacrifierois tout pour
vous aider dans vos adversités, pour
vous soulager dans vos douleurs, &
vous ramener à ce repos, à cette tranquillité que vous méritez à tant de ti-
tres. Croyez que vous n'avez pour ennemis que vos Ouvrages, ou plutôt,
la hardiesse avec laquelle vous avez
traité des matieres délicates , & sur
lesquelles la Politique étend un voile
sacré.

(a) Votre Lettre, adressée au premier Magistrat de la République, affli-
gea & irrita cet honnête homme. Il eût
voulu que sa place lui eût permis de

(a) Il est inutile d'avertir que ce n'est
ici qu'un tableau d'imagination, & que par-
lant à l'ame la plus sensible, j'ai voulu la
toucher, sinon par ce qui est arrivé, du moins
par ce qui auroit pu arriver.

la regarder comme une confidence faite à un ami dans un moment de douleur, & qu'un ami doit souſtraire aux yeux de la multitude, vous le ſommiez de la rendre publique, & il le fit ; on en diſtribua des copies & chacun l'inter-prêta à ſa maniere. Cependant le Magnifique Conſeil s'aſſemble, on lit le fatal écrit, on oſe demander vengeance de l'inſulte faite à la République ; on délibere, on prend les voix lorſqu'on annonce un Vieillard qui demande d'ê-tre introduit ; on ouvre, c'étoit votre pere ; il s'avance ſoutenu par deux de ſes enfans qui n'ont point abandonné ſa vieilleſſe, ils fondent tous les deux en larmes ; mais votre pere ne pleure point, il eſt dans cet accablement qui précede l'éclat de la douleur ; trois fois il ouvre la bouche, trois fois il ne rend que des ſons inarticulés : il s'efforce de nouveau & fait entendre enfin ces ſeuls mots : » mon fils, ah ! mon fils ! «

Les larmes coulent alors de tous les yeux. On présente un siége à sa foiblesse, il s'assied & après un long & triste silence, on lui rend compte des raisons qui vous ont fait condamner ; on fait lecture de la Lettre dans laquelle vous renoncez vous-même aux droits de la Patrie. Cet homme vénérable pousse des sanglots pour la premiere fois ; dans l'yvresse de sa douleur, il tient des discours égarés, mais pathétiques ; il pleuroit cet enfant qu'il ne reverroit plus, qui se déroboit à ses derniers embrassemens, & qui ne viendroit point recevoir sa bénédiction & lui fermer les yeux au bord du tombeau où il alloit descendre. Ce spectacle attendrissant, troubla la délibération. On se contenta d'enregistrer votre Lettre, & on se sépara en silence, le cœur gonflé d'amertume.

Si en chargeant ce tableau, je me suis écarté de la vérité, c'est pour vous transporter un moment au sein de votre famille affligée; c'est pour rappeller à la tendresse paternelle votre ame si sensible à la pitié; en effet, examinez de sang-froid les suites de votre renonciation à la Patrie; regardez autour de vous & voyez la solitude profonde où vous vous êtes plongé. Vous n'avez plus ni patrie, ni parens, ni amis, ni société; vous devenez un être isolé & indifférent au reste du monde. Souffrez qu'on n'accepte point votre *abdication*. Renouez avec nous les liens que vous venez de rompre; revenez dans cette terre hospitaliere, en attendant que vous puissiez fouler encore votre pays natal; dites un mot, & vous rentrez en grace avec votre Patrie, avec la France qui vous comptoit au nombre de ses Citoyens. Devenez utile à la Société, par les talens même dont elle a condamné l'usage; écrivez, mais sur des matieres qu'il vous soit permis de trai-

ter, développez aux hommes les maximes de cette morale dont vous êtes
pénétré, ramenez-les aux mœurs pures
qui vous diſtinguent ; prêchez-leur la
concorde & l'union, la ſoumiſſion aux
Loix & aux Souverains.

Apprenez à toute la terre, que le
Roi ſous lequel vous viviez inſpire autant d'amour que de reſpect par ſon
humanité, ſa ſenſibilité, & ſes autres
vertus royales : dites aux hommes qu'il
honore de ſa confiance, & qui partagent les ſoins du Gouvernement, qu'ils
feront adorer ſon Regne & leur adminiſtration, en imitant ſon amour pour
ſes Sujets, en puiſant dans ſon ame les
principes qui doivent les diriger dans
leurs opérations : repetez-leur mille &
mille fois, pour exciter leur vigilance,
que la haine publique monte quelquefois juſques aux Miniſtres, mais qu'elle
s'y arrête, & qu'en blâmant les inſtru-
mens de la Puiſſance, on a toujours

respecté celui de qui seul elle doit éma-
ner. Dites à ceux qui les environnent &
qui les secondent dans leurs pénibles
emplois, que les Ministres surchargés
d'un fardeau énorme, ne pouvant tout
voir par eux-mêmes, auront à leur re-
procher les injustices que leur avidité
ou leur aveugle ambition feront commettre; que leurs trames, que leurs
intrigues seront aussi-tôt punies que
découvertes. Dites au Peuple que la
machine du Gouvernement a des res-
sorts imperceptibles qu'il ne lui est
pas permis de pénétrer; que la politique d'où dépend la sureté de l'Etat,
répand nécessairement un voile sur les
causes des évenemens qui l'étonnent &
l'affligent quelquefois; que le Roi ne
veut que le bien de son Royaume &
de ses Sujets; que les Ministres occu-
pés à concilier ce double intérêt, en
recherchent les moyens de bonne foi;
que s'ils se méprennent dans leurs opé-

rations, c'eſt à la foibleſſe de l'Humanité qu'il faut s'en prendre ; qu'ils ſont
ou trompés, ou ſéduits par d'autres,
ou entraînés par des circonſtances qui
les forcent de ſe livrer, en gémiſſant,
à des moyens contraires à leur ſenſibilité, mais néceſſaires. Augmentez enfin
par la chaleur de votre ſtyle celle de
nos ſentimens, cet amour patriotique
qui caractériſe notre Nation, & cette
tendreſſe qu'elle eut toujours pour ſes
Maîtres, & qu'elle doit ſur-tout à celui
qui nous gouverne.

Portez vos vues ſublimes ſur les dif-
férentes parties de l'Adminiſtration :
écrivez & ſur les ſpéculations des Fi-
nances, & ſur les reſſources du Commerce ; donnez des projets utiles ; ils
feront peut-être rejettés, s'ils ſont bons,
parce qu'il y a trop de gens qui n'ont
de fortune que les abus qu'ils com-
mettent ou qu'ils autoriſent : mais un
tems viendra où vos idées ſeront adop-
tées.

tées. Repréfentez bien, par exemple, aux Perfonnes en place, que ceux à qui ils confient l'examen des Mémoires qui leur font offerts, ont tous intérêt ou aux fyftêmes à abolir, ou aux fyftêmes à détruire, & que leurs fuffrages doivent leur être fufpects; mais qu'ils devroient confulter des hommes amis du bien public, & affez courageux pour leur dire la vérité.

Vous pouvez, Monfieur, vous exercer fur ces matieres ou fur mille autres : le champ de la Littérature eft fi vafte ! Mais, me répondrez-vous, peut-être, dans un de ces momens où les chagrins & la douleur agiffent fur votre ame, l'homme eft forti libre des mains de la Nature ; je prétends jouir de mon indépendance. Vous me citez des Loix que je ne refpecte point ; vous m'impofez des liens que je brife avec mépris; j'ai le droit de parler & d'agir, & je veux en ufer. Ecoutez, je vais vous répondre.

C

[50]

Les différens états se sont formés de deux manieres. Ici un Vieillard respectable, environné d'une nombreuse famille, s'est établi dans un coin de la terre, mere commune à tous les hommes, & a dit à ses enfans : Ce terrein que nous cultivons peut être envahi par d'autres hommes qui jouiroient de nos travaux : cessons de mener une vie errante & vagabonde : fixons notre séjour dans ce lieu : unissons-nous en corps de société, choisissons-nous un Chef ou plusieurs Chefs, formons des Loix, & vivons sous leur puissance : nos forces réunies nous défendront contre ceux qui voudroient nous attaquer. Là un homme usant ou abusant de sa supériorité, a assujetti d'autres hommes par la force, leur a dicté des Loix impérieuses, a étendu par elles sa domination, & s'est créé un Empire qu'il a transmis à ses successeurs. Ces Gouvernemens despotiques, monar-

chiques ou républicains, se sont ag-
grandis successivement & ont varié
dans leur forme, selon les tems & les
circonstances. Telle est, à peu près,
l'origine de tous les états : ils sont tous
bons, ils sont tous légitimes par le
consentement des peuples qui s'y sont
soumis. Il n'est pas plus permis d'ôter
un Royaume à son Roi, que d'enlever
à un particulier un arpent de terre que
ses Peres, que les Loix lui ont donné.
Tout individu qui naît dans un Etat est
nécessairement soumis à ses Constitutions : tant qu'il jouit des avantages de
la Société, il ne peut en enfreindre les
Loix & les Coutumes.

Mais éclairé par le flambeau de la
Raison, supportant impatiemment le
joug qui lui est imposé, s'irritant contre la distinction des rangs & des for-
tunes, indigné de se voir assujetti à des
Maîtres qu'il ne s'est point choisis, un
homme se leve au milieu de la foule

& dit: Compagnons, nous servons des tyrans; nous sommes tous égaux; les Loix, formées par des hommes, n'ont aucun pouvoir sur d'autres hommes qui les abjurent. Détruisons les idoles auxquelles nous sacrifions; bouleversons cet Etat, & reprenons l'empire usurpé sur nous. Cet homme est un coupable que les Loix qu'il méprise doivent punir. Mais que doit-il faire? Le voici.

Sans doute les hommes naissent indépendans. Celui qui se trouve placé par la Nature dans un Etat dont les Loix révoltent sa fierté, doit le quitter en silence & aller dans des Pays dont les Constitutions soient plus analogues à son caractere. Si le Ciel m'avoit fait naître avec cette malheureuse inquiétude, loin d'écrire contre le Gouvernement, je dirois: la terre est à moi: cherchons des lieux habités par des Philosophes dont la raison soit aussi épurée que la mienne, sans erreur, sans préjugés, & je me fixerai là où je pourrai penser, parler & agir sans gêne, sans contrainte. Je parcourrois les différens Etats policés depuis l'extrémité de l'Asie jusqu'aux limites de l'Europe; & si je trouvois par-tout les entraves que je veux éviter, j'irois me joindre à des hommes sortis récemment des mains de la Nature : je vivrois errant avec les Peuples Sauvages où j'établirois parmi eux mes mœurs, mes Loix & ma Religion, s'ils étoient assez dociles pour les suivre. Combien de Pays qui ont échappé à l'avidité des Européans ou d'autres Nations policées! Jettez avec moi les yeux sur l'étendue de ce globe : voyez ces contrées immenses où l'on n'est point encore parvenu : allons vers ces climats inconnus : jouissons-y sans trouble & sans allarme des fruits de la Nature & de l'aspect du ciel, ce ciel dont les pierres entaſſées les unes ſur les autres nous dérobent la vue, & ſi ſouvent obſcurci dans nos Villes par les vapeurs des victimes qu'on y égorge. Au ſortir de mon antre, ou de la cabane que je me ſerois formée, je promenerois mes regards de tous côtés, & je pourrois y porter mes pas ſans être arrêté par des barrieres. Je me raſſaſierois des productions de la Nature, ſans craindre qu'un titre de propriété, attaché ſur les arbres, empêchât ma main d'en dérober les fruits. Seul & maître de l'Univers, je foulerois ſous mes pieds cette terre que les Conquérans ont ſi ſouvent arroſée de ſang humain pour s'en diſputer la poſſeſſion. Si du fond de mon déſert les vents pouvoient emporter le ſon de ma voix dans les Cités que j'aurois quittées, je leur ferois entendre ces mots : Homme, tu maſſacres ton frere, pour ſatisfaire ton avidité & ton ambition ; regarde ces arbres, ces plantes, cette eau ſuffiſent

[55]

pour te nourrir. Couche-toi sur ce sa-
ble ; six pieds d'étendue suffisent pour
te reposer de tes fatigues , & couvrir
ton cadavre qui dans peu de jours doit
engraisser la terre que tu disputes avec
fureur. Je m'égare , Monsieur , dans
la solitude où vous m'avez entraîné ;
mais ce que je disois , & ce que je veux
dire , c'est qu'un homme qui renonce
à la société n'a point d'autre parti à
prendre , que de s'enfoncer dans les
forêts, & d'y porter son indépendance,
sans troubler la tranquillité de ses freres , qui ont la force ou la foiblesse de
vivre heureux sous l'Empire des Loix.

Et si j'osois faire avec vous des héré-
sies en fait de Politique , je dirois que
c'est-là en même tems la seule peine
qu'on devroit infliger aux coupables
qui les violent ces Loix ; je dirois ,
qu'excepté dans une juste défense , la
Nature n'a point donné à l'homme le
droit de faire mourir son semblable.

Sentez-vous bien le prix de la vie, vous qui, assis sur un Tribunal de sang, prononcez des Arrêts de mort sur des fautes quelquefois légeres ? Pour en connoître la valeur, que tout homme descende au-dedans de lui-même, & s'interroge s'il n'aimeroit pas mieux voir la destruction de tous les Empires, que celle de son existence. Quoi ! un Citoyen qui s'est consacré à la défense de la Patrie, & qui a pris de bonne foi avec vous un engagement pour un petit nombre d'années, se voit lié au-delà du terme convenu, gémit sous un esclavage illimité, il s'irrite contre votre infidélite, & cherche par la suite la liberté qui lui est due, & vous le condamnez à mort ? Un malheureux, surchargé d'enfans & de dettes, manquant de pain, fraude quelques droits, durement exigés, pour gagner quelques deniers sur des marchandises prohibées, & vous le condamnez à mort ? Un misérable, réduit au déſespoir par la barbarie des hommes, vous demande avec aigreur... Arrêtons-nous & reſpectons des Loix qu'on a cru néceſſaires pour la sûreté publique, & qui ont reçu leur ſanction par le conſentement explicite de tous les Citoyens. Je dirois que s'il étoit permis de les changer, on devroit condamner à d'autres peines beaucoup de coupables qu'on prive de la lumiere & du pouvoir de ſe corriger. Ces monſtres, qui troublent l'ordre public par leur violence, devroient être conduits enchaînés dans quelqu'iſle ſauvage, & être rendus à la Nature. Ils prouvent par leurs excès, qu'ils abjurent notre contrat ſocial, qu'ils ſont indignes de profiter des bienfaits de la légiſlation, & qu'ils doivent, abandonnés à eux-mêmes, rentrer dans le premier état de liberté malheureuſe d'où tous les hommes ſont ſortis. Ce n'eſt pas que je prétende ici m'élever contre les

Loix établies ; je les crois justes, puisque ceux à qui nous avons commis le droit de les faire, les ont dictées sans réclamation, & elles lient tout homme qui jouit du bénéfice de la Société ; mais je crois que plusieurs pourroient être adoucies.

Pour vous, Monsieur, qui ne voulez ni de ces loix, que vos écrits pourroient défendre, ni de cette Société dont vous feriez l'ornement par vos talens & par vos mœurs, vous allez vous ensevelir dans les déserts, si l'on en croit une derniere Lettre qu'on vous attribue ; vous allez médire des hommes qui ne vous ont point offensé & qui vous estiment. Dans cette vaste solitude, rien ne troublera les idées noires & mélancoliques dont votre esprit est obsédé. Il vous manquera le seul plaisir d'une ame douloureusement affectée, celui de répandre au dehors votre tristesse, d'exciter la compassion

de vos femblables en paroiffant les
aigrir. Vous efpérez, dites-vous, trouver moins de férocité parmi les animaux fauvages, que parmi les hommes que vous quittez. Ces animaux
méprifant votre foibleffe, & infen-
fibles à vos maux, les aggraveront par
leurs morfures, & vous convaincront
peut-être de votre erreur en déchirant
leur Hôte & leur Légiflateur.

Ce font vos maux qu'il faut guérir,
& non les hommes. Vous devez à vos
douleurs une partie de votre éloquence
& votre célébrité. Un homme qui fouf-
fre s'aigrit contre tout ce qui l'envi-
ronne. Son ame s'irrite d'habiter un
corps foible & languiffant, & reprend
à elle les forces que ce corps perd par
les fouffrances. Dans cet état doulou-
reux, l'homme de génie prend la plume, & exhale dans un ftyle fublime
fon humeur contre tout ce qui vient
heurter fes idées. Il fronde & les hom-
C vj

mes plus heureux que lui, & leurs préjugés, & leurs vices, & les Loix, & la société. Sa fierté se revolte contre les Grands dont il se croit méprisé, & contre les petits qu'ils méprise. Il fait divorce avec l'Humanité ; & pour n'avoir rien de commun avec elle, son imagination exaltée, attaque les opinions reçues, s'abandonne à des paradoxes, les soûtient d'abord par contradiction, s'y livre par opiniâtreté, & se les rend propres, enfin, par la maladresse de ceux qui les défendent avec des forces inégales. Fier de sa supériorité, il rit de la foiblesse de ses adversaires, & les écrase en répondant des raisons à leurs injures. Après cette lutte fatigante, qui semble le venger de ses chagrins & les calmer, il entre dans lui-même, & s'il a l'ame sensible & honnête, il y puise & répand au-dehors les maximes sublimes dont il est pénétré ; il peint des passions dou-

ces & touchantes, il célèbre les charmes de la vertu, il décrit avec atten-
drissement, ses malheurs & ses disgraces, & fait verser des larmes à ce Public qu'il indignoit auparavant par ses
outrages. Ainsi un héros, fatigué de la
victoire, se repose tranquillement au
pied d'un arbre, & considere en silence, & avec douceur, la Nature qui
se présente à ses yeux. Au lieu de meur-
tres & de combats, son esprit n'est oc-
cupé que du ruisseau qui coule à ses
pieds, des fleurs qui naissent autour de
lui & du ramage des oiseaux.

Je crois inutile, Monsieur, de vous
faire l'application de ce tableau. Vous
avez eu des disgraces, sans doute, mais
interrogez tous les hommes, vous en
trouverez peu qui ne soient ou n'ayent
été aussi malheureux que vous. Vous
nous tracez les *bisarreries de votre destinée* dans la Lettre à l'Archevêque ;
si chaque individu vous faisoit le récit

de ses aventures, vous auriez, dans ces histoires de grands motifs de consolation. Pour le prouver, il me prend fantaisie de vous raconter celles du premier homme que je trouve sous ma main, de moi-même, & vous verrez que, sans chercher des exemples étrangers, l'homme le plus ordinaire peut vous présenter le tableau d'une vie plus singuliere que la vôtre.

Né dans une petite ville de Province, j'eus un pere que l'amour des découvertes entraîna dans les régions éloignées. A son retour, son vaisseau échoua contre un rocher en entrant dans le port; mon pere périt, & les vagues jettent son cadavre à la porte de la maison où nous l'attendions pour l'embrasser. J'étois dans l'enfance, & ce malheur fut le premier qui éclaira ma raison naissante.

Je ne vous dirai point comment la

petite fortune que j'avois eu partage
me fut enlevée. Le Ciel maudit les enfans qui révelent la honte de leur famille. Ma mere me donna un Maître
en fe donnant un nouvel époux. Cet
homme m'arracha aux études, & m'em-
mena dans le Levant. Là, en revenant
de la Meffe d'une Eglife des Grecs, fi-
tuée à la campagne, je fus faifi par
une troupe de femmes Arabes qui al-
loient me vendre en Afrique, & délivré par le Conful Anglois qui n'enten-
doit pas la Meffe, & chaffoit avec fes
Janiffaires dans les environs ; je reçus
un coup de fabre fur la tête, d'un Bé-
douin, qui croyoit frapper un François
de fes ennemis, & qui me mit aux por-
tes du trépas. Je fus pris par des Algé-
riens qui me conduifoient en efcla-
vage, & repris par des Chrétiens qui
me rendirent à ma Patrie, après mille
autres aventures qu'on ne manque jamais d'effuyer dans un voyage de trois
années.

Le Maître que le fort m'avoit donné
voulut me faire rembarquer de nouveau. Je n'éludai ces ordres qu'en quittant la maison paternelle, & en pre-
nant un habit avec lequel on ne peut
fervir fur les vaiffeaux qu'en qualité
d'Aumônier. Un vieux Prêtre devoit
me réfigner fon bénéfice : il tombe
malade, & me charge, un matin,
d'appeller un Notaire Apoftolique,
& un certain Chanoine. Ce Notaire
étoit garçon & couchoit en compagnie,
il refufe d'ouvrir, & on l'attend ; le
Chanoine étoit à l'Autel, & on l'attend
encore. Nous partons enfin, nous ar-
rivons & nous trouvons à la porte les
domeftiques pleurant leur maître mort
dans l'intervalle. Ainfi de ces deux
hommes néceffaires, parce que l'un
faifoit une bonne action, l'autre une
toute contraire le bénéfice fut perdu.

Cet événement & l'averfion que j'ai
toujours eue pour tout engagement fo-

Lemnel, qui lie à jamais la liberté, me
firent quitter un état dont je n'avois
point les vertus. Je vins dans cette Capitale où mes parens me refuferent tout
fecours. Après plufieurs années paffées
dans l'amertume, je me fis une petite
réputation Littéraire, je produifis des
Ouvrages, non auffi célébres que les
vôtres, mais eftimés, & je me vis des
amis & des protecteurs.

Il eft un âge où les paffions amorties
femblent ôter à l'homme une partie de
fon exiftence; l'imagination réfroidie
en le tranfportant du monde idéal dans
le monde réel, fait fuccéder de triftes
vérités à des fables confolantes. L'homme rentre alors dans lui-même, il
examine la fragilité de cette machine
qui le foutient, & il eft averti par la
douleur que fes refforts commencent à
s'ufer. Cette heureufe yvreffe où le
tenoit l'efferyefcence du fang, fe dif-
fipe; alors s'évanouiffent tant d'efpé-

rances, tant de projets, tant d'illusions.
Il mesure triftement fa carriere, com-
pare le tems qu'il a vécu & celui qui lui
refte à vivre, & découvre dans une
courte perfpective, le tombeau qui doit
l'engloutir. Réfigné aux volontés du
premier Etre, il attend avec refpect
& avec crainte l'inftant où il doit lui
être uni & fe prépare à finir tranquillement le refte de fon voyage.

J'étois parvenu à cet âge, j'attei-
gnois mon huitiéme luftre & j'appro-
chois de la vieilleffe, non par le nombre des années, mais par les chagrins
qui fembloient les avoir multipliées;
incapable d'obtenir des graces par
importunité ou par baffeffe, feules
voies qui conduifent à la fortune, je
me renfermois dans ma médiocrité,
content d'avoir un peu au-deffous du né-
ceffaire & de pouvoir partager ma fubfiftance avec une fœur infirme & fans
bien; lorfqu'un homme de ma Pro-

vince, qui se disoit mon ami, vint m'enlever tout ce que j'avois amassé par mes épargnes & mon économie, sous le prétexte d'augmenter ces fonds modiques par des négociations de commerce, auxquelles il se disoit associé. Puisse ce coupable se reconnoître à ce tableau, (& c'est la seule vengeance que je prétends tirer de son larcin) puisse-t-il, rougissant de son action, me restituer ce qu'il me doit; & s'il persiste dans son injustice, puisse-t-il n'en commettre point d'autres & n'être jamais puni que par ses remords.

Ajoutez à tout cela des trahisons, des perfidies, des malheurs de toute espece, de ceux qui affectent le cœur, les plus sensibles de tous, & vous trouverez un enchaînement de faits plus singuliers que votre destinée ; mais en même tems le sort le plus uni, & le plus commun : de dix hommes pris au hazard, il y en a neuf qui auront eu une vie plus malheureuse, plus agitée que la mienne, & je me console de n'avoir point à mes genoux des enfans manquant de pain, un pere dans mes bras, expirant dans la douleur & la misere; je me console de n'avoir point été entraîné à l'infamie, le plus grand des maux, par un penchant funeste ou par des circonstances inévitables, de n'être pas réduit à l'avilissement de servir mes semblables; de n'être point au nombre de ces hommes que la vanité fait disputer de vîtesse avec des chevaux & qu'elle expose à chaque instant à être écrasés par le char qu'ils précédent; de n'être point appuyé contre une borne & offrir aux passans mon dos pour porter comme une bête de somme, les fardeaux les plus pesans; de ne point travailler aux mines, aux carrieres. Enfin, Monsieur, pour être heureux, je me suis imposé la Loi de ne jamais élever mes regards au-dessus de moi,

mais de les baisser sur les états infé-
rieurs à la classe que j'occupe. Si la
fortune m'a refusé la consolation de
remplir un des devoirs essentiels de la
Société ; celui de lui donner des Citoyens vertueux, la douceur d'embrasser des enfans produits de mon sang,
de laisser à ma postérité mon nom &
le souvenir de mon existence, je me
vois au moins délivré des charges atta-
chées à cet état ; & si parmi la vermine
qui dévore les fruits de la terre, d'autres insectes portoient les yeux sur moi ;
ils y trouveroient, non de grandes vertus & de grands talens, mais de l'a-
mour pour les unes & pour les autres,
& un exemple de cette modération &
de ce patriotisme, que tous les hommes devroient imiter. Je me loue peut-
être par ces détails & c'est très-inno-
cemment ; mon dessein est seulement de
vous prouver que vous pourriez être
heureux comme un autre, comme je

crois vous avoir prouvé qu'avec les meilleures intentions du monde, vous êtes plus coupable que vous ne penſiez.

Je croirois l'être, Monſieur, ſi dans la Lettre que je viens de vous écrire, en violant les régles de la modération que je m'étois impoſée, j'avois eu le malheur de vous offenſer, Pardonnez-moi les expreſſions qui peuvent m'être échappées dans la chaleur de la diſpute & auxquelles je n'ai pu ſuppléer par la ſtérilité de notre Langue dont je ne connois pas les reſſources & ne fais point déployer la richeſſe comme vous. Si parmi les reproches que je vous ai faits, il y en a qui portent à faux, je ſuis le premier à les déſavouer.

Je dois au reſte avertir le Public, que cet écrit ne vous eſt pas abſolument perſonnel; j'ai eu en vue de montrer en général le danger qu'il y a pour la ſociété de fronder ouvertement les opinions reçues & de toucher à des

matieres facrées. Des Ecrivains eftimâ-
bles d'ailleurs ont ufé de cette liberté,
fouvent avec moins de retenue que
vous, fans réfléchir aux maux que
leurs Ouvrages pourroient occafionner.
Perfonne ne leur demande compte de
leur croyance, & fi elle fuffit pour
foutenir les vertus & les mœurs qui les
diftinguent, ils devroient penfer que
le peuple en puifant fa morale dans fon
cœur, n'y trouveroit qu'une fource
empoifonnée, & que pour remplir fes
devoirs, il a befoin de toute fa foi. Je
dois encore vous prévenir que je n'aurois pas eu la cruauté de chercher à ré-
veiller l'attention des Prêtres & à ar-
mer le bras des Magiftrats, fi votre
Livre n'eût été flétri par les Tribunaux,
j'euffe gardé le filence. Il n'appartient
qu'aux hommes publics de relever par
devoir les fautes des coupables, &
ceux qui fans miffion, par haine, par
envie de nuire, exerceroient le métier

de découvrir les erreurs de leurs semblables, devroient être mis au rang
des délateurs dévoués au mépris & à
l'exécration.

Je vous demande pardon de la lon-
gueur de cette Lettre, je n'ai ni le ta-
lent, ni le loisir de la faire plus courte.
Cent fois interrompue, réprise cent fois,
elle n'a pu avoir l'ordre & la précision
dont elle étoit susceptible.

J'ai l'honneur d'être, &c.